BEI GRIN MACHT SICH IHR WISSEN BEZAHLT

AF149694

- Wir veröffentlichen Ihre Hausarbeit,
  Bachelor- und Masterarbeit

- Ihr eigenes eBook und Buch -
  weltweit in allen wichtigen Shops

- Verdienen Sie an jedem Verkauf

Jetzt bei www.GRIN.com hochladen
und kostenlos publizieren

Bibliografische Information der Deutschen Nationalbibliothek:

Die Deutsche Bibliothek verzeichnet diese Publikation in der Deutschen National-
bibliografie; detaillierte bibliografische Daten sind im Internet über http://dnb.d-
nb.de/ abrufbar.

Impressum:

Copyright © 2012 GRIN Verlag, Open Publishing GmbH
Druck und Bindung: Books on Demand GmbH, Norderstedt Germany
ISBN: 978-3-656-52980-4

Dieses Buch bei GRIN:

http://www.grin.com/de/e-book/263750/kritische-stellungnahme-zu-henry-mintz-
bergs-managing-government-governing

Elisabeth Anderhofstadt

Kritische Stellungnahme zu Henry Mintzbergs „Managing Government, Governing Management"

GRIN Verlag

GRIN - Your knowledge has value

Der GRIN Verlag publiziert seit 1998 wissenschaftliche Arbeiten von Studenten, Hochschullehrern und anderen Akademikern als eBook und gedrucktes Buch. Die Verlagswebsite www.grin.com ist die ideale Plattform zur Veröffentlichung von Hausarbeiten, Abschlussarbeiten, wissenschaftlichen Aufsätzen, Dissertationen und Fachbüchern.

Besuchen Sie uns im Internet:

http://www.grin.com/

http://www.facebook.com/grincom

http://www.twitter.com/grin_com

Kritische Stellungnahme zu Henry Mintzbergs „Managing Government, Governing Management"

Inhaltsverzeichnis

Einleitung

Henry Mintzberg befasst sich in dem Text "Managing Government, Governing Management" aus dem Jahre 1996 mit der Frage wie man den Staat besser leiten könnte. Nach Mintzbergs Ansichten muss dafür das Kräftegleichgewicht zwischen dem privaten Sektor und dem öffentlichen Sektor in Balance sein. Hierfür erwartet Mintzberg ein Umdenken der Gesellschaft, indem er dem Kapitalismus nicht nur positive Konsequenzen zugesteht, sondern dieser ebenso einen negativen Beigeschmack verleiht. Gleichzeitig macht Mintzberg den Kapitalismus dafürverantwortlich, dass die ursprüngliche Ordnung von Staat und Wirtschaft nicht mehr vorhanden ist und sich das Kräftegleichgewicht im Ungleichgewicht befindet. Mit dem im Titel verwendeten rhetorischen Stilmittel „Chiasmus" spricht Mintzberg das Paradoxe, was sich hinter diesemThemas befindet, an.

Nach politikwissenschaftlicher Betrachtung liegt der Unterschied zwischen *Governance* und *Government* darin (nach Benz 2004), dass man unter „Government" ein Gegeneinander zwischen Staat gegenüber Markt bzw. Gesellschaft vorliegt, wohingegen die „Governance" mit der normativen Bedeutung von verantwortlicher Unternehmensführung die wünschenswertere Form wäre. Hier agieren Staat, Markt und Netzwerke als komplementäre Steuerungsorgane miteinander.

Anhand der Politikströme „Polity, Politics und Policy" lassen sich deutliche Unterschiede und Vorteile der jeweiligen Regierungsform auffinden. Unter Polity versteht sich die strukturelle und formelle, Policy als die inhaltliche Dimension und Politics spiegelt politische Prozesse wieder. (vgl. Grafik)

	Government *Staat vs. Markt bzw. Gesellschaft*	Governance *Staat, Markt und Netzwerke als komplementäre Steuerungsformen*
polity	· Fokussierung auf Staat · Mehrheitsdemokratie und Hierarchie als wichtigste Institutionen	· institutionelle Struktur, die Elemente von Hierarchie, Verhandlungssystemen und Wettbewerbsmechanismen verbindet · Netzwerke
politics	· Wettbewerb zwischen Parteien um Machterwerb und zwischen Interessengruppen um Einfluss · Konfliktregelung durch Entscheidung der zuständigen staatl. Organe und Durchsetzung staatl. Entscheidung	· Konflikte zwischen regierenden/leitenden und regierten/betroffenen Akteuren · Steuerung und Koordination im Kontext institutioneller Regelsysteme · Verhandlungen staatlicher und/oder gesellschaftlicher Akteure · Anpassung institutioneller Regelsysteme
policy	· Gesetzgebung (Ge- und Verbote) · Verteilung öffentlicher Leistungen	· Verständigung (in Netzwerken und Gemeinschaften), Kompromisse, Tauschgeschäfte · Koproduktion kollektiver Güter ·Netzwerkmanagement · Institutionenpolitik (Management des institutionellen Wandels

Abbildung: Gellner/Hammer (2010).: Policyforschung. München: Oldenbourg Verlag, S.13

2

Das normativ-wertvorschreibende Ideal der Regierungsführung ist „Good governance", was wiederum als anzustrebendes Ziel gutes Regierungs- und Verwaltungshandeln zu sehen ist und eine gute Haushalts- bzw. Budget-Mittel-Bewirtschaftung einschließt. „Gutes Regieren" kann auch mit verantwortungsvoller Regierungsführung gleichgesetzt werden und dies istein vorgegebenes Ziel seitens der EU-Charta.[1]

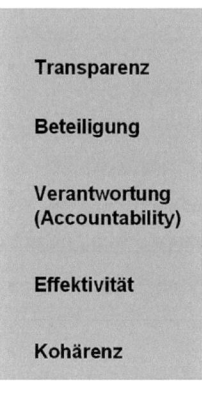

Prinzipien von Good Governance

Transparenz	▪ Entscheidungsprozesse und öffentliche Institutionen sollten transparent sein
Beteiligung	▪ Umfassende Beteiligung ergänzend zur Politik führt zu mehr Vertrauen und Prozessqualität
Verantwortung (Accountability)	▪ Verantwortung für Qualität der Leistungen, Effizienz, etc. gegenüber Stakeholdern
Effektivität	▪ Bedarfe müssen effektiv erfüllt werden, basierend auf Objektivität und Evaluierung
Kohärenz	▪ Politik und Handlungen müssen zusammenpassen und verständlich sein

http://www.fiv.at/aktivitaeten/vi/vi15.pdf

Henry Mintzberg ist Management Professor an der McGill University in Montreal, Kanada und am INSEAD in Fontainebleau bei Paris und wendet sich bezüglich des „Staatsmanagements" zum Teil der „New Public Management" (NPM) Theorie hin, indem er auf die Übernahme privatwirtschaftlicher Managementtechniken plädiert. Dies wird deutlich an der Leitfrage des Textes „Soll sich die öffentliche Hand private Dienstleister zum Vorbild nehmen?".[2]

Beantwortung dieser Frage, sollten vorerst die gravierenden Unterschiede zwischen einer Regierung und einem Unternehmen aufgezeigt werden.[3]

---

[1] http://de.wikipedia.org/wiki/Good_Governance
[2] http://de.wikipedia.org/wiki/Public_Management
[3] http://ucc-ie.academia.edu/BrendanTuohy/Talks/48808/The_evolving_role_of_the_State_in_a_modern_democracy

Staat als öffentlicher Dienstleister	Unternehmen als privater Dienstleister
- Keine Konkurrenz	- Viele Konkurrenten
- Schwache Kundenorientierung	- Starke Kundenorientierung
- Wenig Mitarbeiter Beteiligung	- Starke Mitarbeiterbeteiligung
- Wenig externe Kontrolle	- Intensive externe Kontrolle
- Kaum Konsequenten nach schlechter „Performance"	- Erhebliche Konsequenten nach schlechter „Performance"
- Undifferenzierte Struktur	- Geschäftsbereiche und Geschäftseinheiten
- Wenig effizient	- Sehr effizient

Im direkten Vergleich, zeigt sich, dass beide Sektoren ihre Stärken und Schwächen haben.mintzberg favorisiert demnach mehr das Management der Organisationen mit genossenschaftlichen Besitzern und der Organisationen ohne Besitzer bzw. Eigentümer. Die Vorteile dieser Organisationen sind deswegen tabellarisch zusammengefasst worden:

Organisationen ohne Besitzer/Eigentümer (NGOs, NBOs, Universitäten)	Organisationen mit genossenschaftlichen Besitzer
- Wenig gewinnorientiert	
- Kontrolle durch selbstgewählte oft unterschiedliche Führungsgremien	- Unterstehen formell der Kontrolle ihrer Lieferanten, Kunden oder Mitarbeiter

Meines Erachtens sollten sogenannte „Think Tanks" (Denkfabriken) und ihre Aufgaben ebenfalls angesprochen werden. Zu deren wichtigsten Funktionen gehören Forschung, das Agenda Setting, die Beratung von Politik, Verwaltung und Öffentlichkeit und Rekrutierung, was wiederum schlussendlich im „korrekten Management" enden sollte.

Mintzberg, der auch bekannt als Management-Papst ist, zum Einen als Entwickler der „10 Managementroles" für Unternehmen und zum Anderen angesichts seiner Werke zum Thema Management, ist zweifellos ein Fachmann auf seinem Gebiet. Dennoch fragt sich ob der Staat eher wie ein Unternehmen betrieben werden sollte.

Betrachtet man den Staat als ein politisches System, besteht seine Hauptaufgabe darin Inputs (Forderungen und Unterstützungen) in Outputs zu transformieren. Die Allokation von Ressourcen ist eine dieser Hauptaufgaben, jedoch nicht die einzige Anforderung an den Staat auf die sich Mintzberg fokussiert. Der Staat als politisches System muss weiteren Aufgaben gerecht werden, die von Mintzberg nur beiläufig erwähnt werden: Der Staat muss Verhaltensregeln aufstellen, Partizipation gewährleisten und Kommunikation sowie Information herstellen, um entsprechende Unterstützung von seinen „Teilnehmern" zu erhalten. (vgl. Grafik)

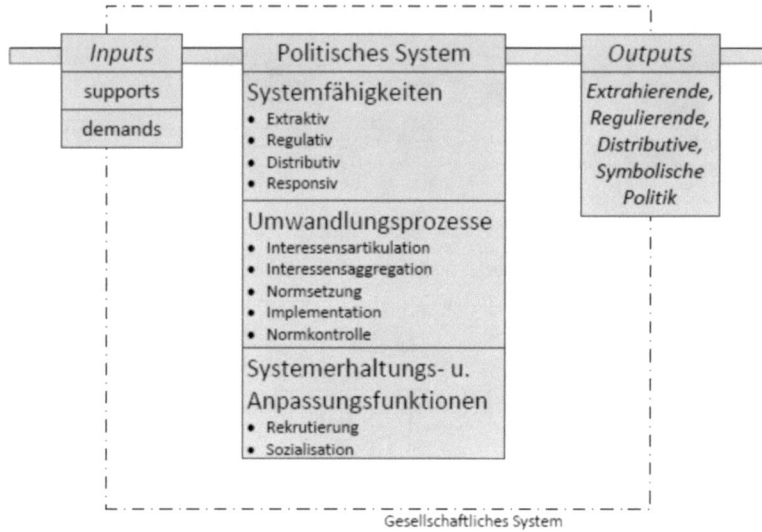

Abbildung: Gellner/Hammer (2010).: Policyforschung. München: Oldenbourg Verlag, S.57.

Die Grafik verschafft einen Überblick und zeigt das Verhältnis, das zwischen den beiden Parteien herrscht deutlich auf. Es handelt sich um einen Kreislauf des Gebens und Nehmens.Sicherlich ist klar, dass ein Staat Menschen und vor allem Mitarbeiter braucht, um zu funktionieren. Mintzberg gibt diesen „Teilnehmern" (Inputs-Träger) am Transformationsprozess unterschiedliche Namen entsprechend ihrer jeweiligen Aufgabe und Teilhabe im Staat. Sie sind Kunden, Mandanten, Bürger und Staatsangehörige, die in einer unterschiedlichen Häufigkeit auftreten. Die Herkunft der Begriffe Kunden und Mandanten stammt aus dem geschäftlichen Bereich, wobei im Gegensatz zum wirtschaftlichen Begriff zu beachten ist, dass seitens der Input-Träger kein Geldtransfer für Leistungen erfolgt wie es der Fall ist im Geschäftsbereich.

„Ich bin nicht nur ein Kunde meines Staates. Im Verhältnis zu ihm rechne ich mit etwas als einer distanzierten Geschäftsbeziehung."

Anhand dieser These Mintzbergs wird deutlich, dass das Verhältnis Staat zu Bürger (bzw. Staatsangehöriger, Mandant, Kunde) nicht mit einer Unternehmen gleichgesetzt werden kann, da es beispielsweise in Sachen Gesundheit und Bildung um mehr geht als nur ein Leistungsaustausch zwischen Geschäftspartnern. Hier handelt es sich um Güter und Dienstleistungen, die nicht frei auf dem Markt gehandelt werden dürfen, weil sie unter Umständen über oder unter ihrem Wert verkauft werden könnten und somit nicht für jedermann im Staat zugängliche Serviceleistungen wären. Zudem gibt es Menschen, die nichts für den Staat leisten, aber umgekehrt ein hohes Maß an Staatsleistungen beziehen, gäbe es nur die sogenannte „parochial culture"(Nehmer) könnte ein Staat nicht existieren.

Sicherlich kann keine der beiden Seiten (Staat-Individuum) den vielfältigen Ansprüchen gerecht werden die an qualifizierten Dienstleitungen gestellt werden, doch spätestens nach Hobbes „homo homini lupus" und dem Gesellschaftsvertrag ist klar, dass das Individuum den Staat braucht und deswegen diesbezüglich nicht alles in Frage stellen soll; stattdessen ist das Ziel sich auf einen zufriedenstellenden Konsens zu einigen, zum Wohle aller.

Denn es gibt keinen Gegensatz zwischen Staat und Gesellschaft, die Gesellschaft ist der Staat. Wir alle sind der Staat. Der Staat ist auch kein Externer, kein fremder Dritter, kein Übervater, kein Heilsbringer und kein Unglücksrabe. Der Staat kann nur agieren und reagieren, wenn die Menschen, die in ihm leben, ihn auch tragen und auch entsprechend handeln.

Dafür muss gesorgt werden, dass sich alle für das Wohl des Ganzen einsetzen und die „parochial culture" weitestgehend verschwindet, genauso wie Menschen die wegen ihres egoistischen Verhaltens als einzigen Antrieb das Geldverdienen sehen. Solche Menschen sollten fern von Staatsgeschäften bleiben. Der Staat braucht stattdessen pflichtbewusste, ernsthafte und praktisch erfahrene Mitarbeiter.

Die Mythen vom Managen

Mit der Diskussion über die beste Staatsleitung haben sich schon vor hunderten von Jahren Staatswissenschaftler und Philosophen wie Platon, Aristoteles und Polybiosbeschäftigt.

Von Letzterem stammt der Ansatz des Verfassungskreislaufs und gleichzeitig, dass der beste Staat von den besten oder dem besten geleitet wird. Im damaligen Kontext verstand man hierunter als beste Staatsform die Monarchie unter Leitung des „Besten" und die Aristokratie unter Leitung der „Besten".

Übertragen auf Mintzberg sucht er nach den „besten Managern" innerhalb einer Demokratie, in der die ganze Bevölkerung ein Mitspracherecht hat. Mintzbergs Verständnis von Management ist äußerst wirtschaftlich geprägt. Demnach lassen sich zum einen einzelne Handlungen isoliert betrachten, sowohl voneinander als auch vom Handeln der direkt vorgesetzten Instanz und die daraus folgende Leistung kann in vollem Umfang und zutreffend anhand von objektiver Maßstäbe gemessen werden. Was zuletzt zu tun ist, kann selbstständig, agierenden qualifizierten Managern überlassen werden, die die erreichten Leistungen auch verantworten müssen. Im unternehmerischen Bereich erscheint es möglich, dass diese Attribute benötigt werden, um das Funktionieren einer Unternehmung zu gewährleisten. Was jedoch die Staatsleitung anbelangt bedarf es mehr als nur qualifizierter und vollkommen verantwortungsbewusster „Mitwirker", schließlich handelt es sich hier um einen weitaus komplexeren Sachverhalt als Gewinnmaximierung, nämlich um das Wohl der Bevölkerung.

Im politischen Kontext ist es durchaus schwieriger einen angemessenen und richtigen Maßstab für Erfolg zu finden im Gegensatz zu einer Unternehmung. Hier ist das Hauptziel eines Messsystems, die Produktivität und die Effizienz zu erhöhen, um Kosten und Zykluszeit der internen Prozessabläufe einzusparen. Ich finde Mintzbergs Argumentation insofern schlüssig, dass er auf Fehler aus der Vergangenheit aufmerksam macht aus denen gelernt werden soll, um sie zukünftig zu vermeiden.

Außerdem geht er darauf ein, dass hinsichtlich der Anwendung von Messmetriken zur Ergebnislieferung für Regierungen Vorsicht geboten ist. Demnach ist es in einigen Fällen ratsam sie vollkommen zu unterlassen. Regierungen sind non-Profit-Organisation und demnach sollten für sie die finanziellen Ergebnisse nicht relevant sein. Im Gegenzug steht die Wirksamkeit einer Regierung im Vordergrund und diese ist in einigen Fällen messbar und für die Öffentlichkeit ersichtlich, wie beispielsweise die Kriminalitätsrate der Polizeiberichte.

Den Staat managen – fünf Modelle

Mit den fünf Modellen leitet Mintzberg eindeutig eine Diskussion über eine notwendige Veränderung der Organisationsstruktur des öffentlichen Sektors ein.Mintzberg spricht sich eindeutig für das normative Modell aus, dass seitens der Japaner bereits Erfolge verbucht konnten. Sicherlich liest sich die Erklärung dieses Modelles äußerst schön, doch ist es für meine Begriffe zu utopisch angelegt. Ohne Widerworte ist es wünschenswert nur Mitarbeiter mit klaren und guten Wertvorstellungen sowie Grundhaltungen zu beschäftigen statt unerprobte Theoretiker, die auf sozialer Schiene vollkommen versagen. Dennoch ist es nicht leicht solche Personen zu finden und fraglich, wie man sie finden kann ohne versehentlich ein „schwarzes Schaf" einzuschleusen. Ähnlich verhält es sich mit der Führung und Verantwortung, wenn alle lediglich Leitsätzen folgen und Visionen folgen, was geschieht wenn diese Visionen aus irgendeinem Grund zusammenfallen, was treibt dann die Mitarbeiter an? Und wer übernimmt dann die Verantwortung, alle inklusive die deren Visionen genommen wurden? Mintzberg beruft sich hier auf Führungskräfte mit geschickten Führungsstilen, das heißt Personen die seine „10 Management-roles" verinnerlicht haben. Doch Menschen sind im Gegensatz zu Maschinen nicht programmierbar und handeln manchmal nicht wie es vielleicht ethisch korrekt wäre, sondern aus dem Bauch heraus. Ich persönlich möchte mich in dem Fall nicht für das Maschinenmodell aussprechen, sondern nur auf mögliche Tücken aufmerksam machen. Eine Umstrukturierung, Erneuerung und Umdenken in Richtung normativen Modells ist gewiss kein Fehler, dennoch sollte es schrittweise von statten gehen und funktionierende Teile des alten Modells aufrechterhalten. Hierfür muss zuerst Vertrauen für die Leistungsfähigkeit des Staates geschaffen werden und Betonung des gemeinsamen Lernens zur Organisationsentwicklung ist ein wichtiger Schritt hierfür. Gleichzeitig ist aber auch die Einsicht über die begrenzte öffentliche Steuerungsfähigkeit der gesamtgesellschaftlichen Trends zu verbreiten.

Henry Mintzberg hat dies anschaulich so ausgedrückt:

„Der Staat braucht das Engagement seiner Bürger, (…) er hat Lebenskraft bitter nötig(…) besonders trifft dies auf kundenorientierte qualifizierte Dienstleistungen zu, etwa im Gesundheits- und Bildungswesen. Die Dienste hier können nie besser sein als die Menschen, die sie leisten. Darum gilt es, diese Spezialisten von zweierlei zu befreien: Von den direkten Kontrollen durch die Staatsbürokraten und von den engen Zwängen des Marktwettbewerbs (…)".

Die Aufteilung und Trennung von regierungsspezifischen Aufgaben ist sicherlich möglich, was anhand der Gewaltenteilungslehre der meisten Demokratien ersichtlich ist. Trennung der Amtsgeschäfte herrscht in Bezug auf die Machtverhältnisse und den Zuständigkeitsbereiche. Ein Informationsaustausch wird deshalb nicht ausgeschlossen. Zudem existieren in den westlichen Demokratien Vorgaben und Richtlinien in Form von Gesetzen, die das Regieren vereinfachen bzw. vorschreiben sollen und Missbrauchssituationen weitgehend isolieren sollen.

	Maschinen-modell	Netzwerk-modell	Erfolgs-kontrolle	Virtueller Staat	Normative Kontrolle
Motto	„onebestway"	Verbinden, Kommuni-zieren & Zusammen-arbeit	Isolieren, Zurechnen& Messen	Privati-sierung, Schrumpfen & Aushandeln	Auswählen, Sozialisieren, Beurteilen
Vorbild bzw. Leitbild			Sparten-struktur von Mischkonzernen	Ausweitung des Perform-ance-Modells; Bester Staat ist kein Staat	Einstellungen statt Zahlen
Mikro-ebene	Regeln, Vorschriften	Spezielle Projekte	Ausführung	Keine Teile der staatl. Verwaltung	Missionarischer, energiegeladener& egalitärer weniger hierarchisch und maschinenhaft
Super-ebene	Regeln, Vorschriften		Kontrolliert & plant		Kontrolle von normativer Struktur & nicht technischer Natur
Stärken	Gegenmacht zu Korruption		Anpassen von staatlichen &privatwirt-schaftlichen Handeln		Mikrostruktur mit Führung in Wertvorstellungen und Glaubensüberzeu-gungen& 5 x Kernelemente
Schwä-chen	Fehlen von Flexibilität, Reaktionsfähig-keit in Bezug auf individuelle Initiativen	Gleicht dem Maschinen-modell indem jedes Einzelteil so funktioniert wie das Ganze	Nicht sehr effektiv wegen zu wenig Miteinander der einzelnen Bereiche, wenig Selbständigkeit wie Beherrschung durch Managerelite	Groß-versuch von Theoretikern (ohne praktische Erfahrung)	Gegenstück zum Maschinenmodell
Einschät-zung von Mintz-berg	Wiederaufleben im Performance-Modell		Sollten wir uns aufgeschlossener zeigen		Übergang dringendst notwendig

Nach Tabellarisierung der Modelle ist ersichtlich, dass alle Modelle Stärken und Schwächen haben und es keine perfekte Lösung gibt. Logischerweise wäre es sinnvoll ein Mischmodell zu erzeugen, das lediglich die Stärken jedes einzelnen Modells beinhaltet.

Mintzberg sieht am normativen Kontroll-Modell die Mitarbeiterfreundlichkeit als Kernpunkt, die in Organisationen ohne Eigentümer oder in genossenschaftlichen Besitz bereits erfolgreich umgesetzt wird.

Das Management beherrschen

Alle theoretischen Konzepte sind schlecht, sofern sie nicht in die Praxis umgesetzt werden können. Mintzberg gibt daher einige Thesen vor, die diesbezüglich in Betracht gezogen werden müssen.

„Privatunternehmerische Tätigkeit ist nicht per se gut, staatliches Handeln nicht immer schlecht."

Diese These wird geleitet von dem Bild, dass die Mitglieder von einem Staat über ihren Staat haben. Zudem ist es schlüssig, dass auch Privatunternehmen ihre eigenen Probleme haben.

„Die Privatwirtschaft kann vom Staat nicht weniger lernen als der Staat von ihr; und beide Seiten können noch eine ganze Menge von Genossenschaften und Organisationen ohne Besitzer lernen."

Angesichts der Ausführungen und Erklärungen der fünf Staatsmodelle, erweisen sich in einer offenen Wertediskussion mehr denn je die engagierten Menschen innerhalb des öffentlichen Sektors als unbedingt notwendig.

„Gebraucht wird ein kraftvoller, kein geschwächter Staat."

Gleichzeitig darf „politische Korruption" in Form von eigenmächtiger Umdisponierung von Dienstbeamten, welches mit sich bringt, dass unfähige Personen Amtsgeschäfte ausführen, keinen Platz im Bereich des öffentlichen Dienstes erhalten.

„Erforderlich ist vor allem Ausgewogenheit zwischen verschiedenen Sektoren einer Gesellschaft."

Zusätzlich ist es wichtig eine genaueste Differenzierung vorzunehmen in Bezug auf die Übernahme von externen Einflüssen.

Schlussbemerkung

Meiner Meinung nach gibt es kein Permanentrezept zur Verbesserung des staatlichen Managements. Die Theorie und Praxis weisen unterschiedliche Resultate auf. Das Ziehen von Rückschlüssen aus vergleichbaren Sachlagen oder ähnlichen Erfahrungen, liefert nicht unbedingt die gewünschte Erfolgsquote. Sicher ist jedoch, dass eine Reform der Verwaltung des öffentlichen Sektors notwendig ist angesichts der Fakten, dargestellt in Henry Mintzbergs „Managing government, governing Mangagement". Mintzberg bietet auch gute

Lösungsansätze und warnt den Blick nur auf die privaten Dienstleister zu fokussieren und diese zum Vorbild zu nehmen, sondern sich mehr Genossenschaften und Organisationen ohne Besitzer hinzuwenden. Denn wie die derzeitige Konjunkturlage zeigt, kämpft auch der private Sektor mit seinen Problemen.

„Public Governance" sollte, wie der Name schon sagt, unter den heutigen Bedingungen als eine öffentliche und kollektive und Anstrengung der am Gemeinwohl mitwirkenden Gruppen und Aufgabenträger verstanden werden.